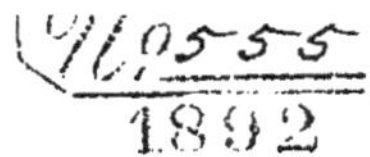

Association de l'Industrie Française

FONDÉE POUR LA DÉFENSE DU TRAVAIL NATIONAL

MEETING DE PROTESTATION

CONTRE LE

Projet de convention franco-suisse

**Réunion tenue le mercredi 19 octobre 1892
au Grand-Hôtel.**

Une imposante réunion, organisée en commun par l'Association de l'Industrie française et la Société des Agriculteurs de France, s'est tenue mercredi, 19 octobre, à deux heures après midi, dans les salons du Grand-Hôtel, à Paris, en vue de formuler une protestation énergique contre le projet de convention franco-suisse.

On remarquait dans l'assistance un grand nombre de membres du Parlement, tant sénateurs que députés; les délégués des Agriculteurs de France, les présidents des principales Chambres de commerce et Chambres consultatives, les directeurs des plus importants Syndicats agricoles et industriels, en un mot les représentants les plus autorisés de toutes les branches de notre production nationale.

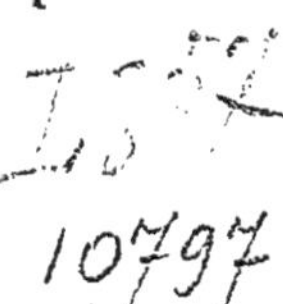

La séance a été présidée par M. Aclocque, ancien député, président de l'Association de l'Industrie française.

La séance est ouverte à deux heures.

M. LE PRÉSIDENT. — Messieurs, le Comité de l'Association de l'Industrie française vous a réunis aujourd'hui pour appeler l'attention des pouvoirs publics et la vôtre sur la convention franco-suisse et pour vous signaler les dangers qui, suivant lui, menaceraient notre industrie tout entière et notre agriculture nationales, si ce projet était adopté.

Ce projet vise 55 numéros du tarif des douanes et il a trait à 85 catégories de produits divers appartenant à l'agriculture et à l'industrie. Je ne dois pas vous laisser ignorer que la convocation que vous avez reçue vous a été adressée d'accord avec M. le Président de la Société des Agriculteurs de France. Les hommes éminents devant lesquels j'ai l'honneur de prendre la parole représentent donc ici tout à la fois l'agriculture et l'industrie unies pour protester contre la convention projetée.

Vous connaissez les détails de cette convention et vous savez que, si elle était adoptée, ce serait, à bref délai, le renversement de l'œuvre accomplie par le Parlement, œuvre à la fois politique et patriotique, et ce serait aussi le sacrifice complet de notre travail national. Si un semblable projet était adopté, ce serait, ne l'oubliez pas, Messieurs, l'annonce de conventions à bref délai avec l'Italie, l'Espagne et la Belgique, ce qui motiverait, sans doute, les réclamations de l'Angleterre et d'autres pays : — ce serait, en un mot, pour nous, la ruine absolue.

Il est impossible de sortir du dilemme suivant, si l'on accorde à la Suisse ce qu'elle demande : ou bien on accordera aux autres puissances ce qu'elles réclameront sur les articles qui les intéressent directement, ou bien on rejettera leur demande. Si on cède à leurs réclamations, que deviendra l'œuvre que nous devons à la sagesse du Parlement? C'est le travail national sacrifié. Si on résiste à ces demandes, on aura créé le système de représailles que l'on semblait si vivement redouter, et les auteurs du projet de convention avec la Suisse en auront toute la responsabilité. Telle est l'alternative en face de laquelle va se trouver le Parlement, et, quand il devra se prononcer, nul doute qu'il repousse le projet qui lui est soumis. (*Vive approbation.*)

L'adoption de la convention, Messieurs, ce serait aussi la ruine de toutes les industries nouvelles qui se sont créées, confiantes dans les déclarations faites aux représentants du pays; et qu'on cesse de nous dire que par suite de la nouvelle situation économique faite à la France, nos capitaux émigrent : c'est le contraire qu'il faut affirmer; car nous savons, et on ne le niera pas, que, à l'abri des nouveaux tarifs, ce sont les capitaux étrangers qui viennent en France créer des installations nouvelles, au grand profit de notre Trésor et de nos ouvriers. (*Très bien! très bien!*)

Et quel moment a-t-on choisi pour venir proposer une modification au tarif des douanes, alors qu'il avait été convenu qu'on n'en apporterait aucune tant qu'une expérience concluante du nouveau régime n'aurait pas été faite? — On choisit le moment où le tarif des douanes commence seulement à donner les résultats espérés, le moment où nos exportations ont augmenté de 97 millions pendant que celles de l'Angleterre, ce pays si dévoué aux idées libre-échangistes, ont diminué de 300 millions; le moment où les objets nécessaires à la vie — que nos adversaires annonçaient devoir renchérir dans des proportions effrayantes — sont descendus à des prix que nous ne connaissions plus depuis longtemps!

Ce n'est pas à nous, c'est au Parlement qu'il appar-

tiendra de juger les déclarations qui lui seront faites,
au Parlement qu'on a trompé, à qui l'on a fait des promesses que l'on ne tient pas.

En effet, le gouvernement lui-même a présenté le
tarif minimum — ce sont les propres termes employés
par M. le Ministre de l'agriculture et par M. le Ministre du commerce dans l'exposé des motifs du projet
portant établissement du nouveau tarif des douanes —
comme « représentant la limite inférieure des conces-
» sions que peut faire chaque industrie, non pour être
» à l'abri de la concurrence étrangère, mais pour
» lutter sans désavantage avec elle. »

Cette déclaration a été formellement faite : le tarif
minimum a été proposé pour permettre de lutter sans
désavantage, et M. le Ministre des affaires étrangères
ajoutait, à la Chambre des députés :

« Nous n'abandonnons aucune de nos prérogatives ;
» s'ensuit-il que nous voulions, en quelque sorte de
» gaieté de cœur, nous jeter à la traverse de l'œuvre
» de la Chambre, en prendre pour ainsi dire le contre-
» pied et que nous ayons la prétention de réduire ce
» tarif minimum que nous avons présenté nous-mêmes,
» à l'état de lettre morte ; que nous voulions, le lende-
» main du jour où vous l'aurez voté, en détruire la
» plupart des articles par des traités de commerce ?
» Non, Messieurs, je n'hésite pas à le dire, nous ne le
» ferons pas ; cette politique ne peut pas être la nôtre.
» D'abord, parce que ce ne serait pas une politique
» loyale vis-à-vis du Parlement ; c'est nous-mêmes qui
» sommes entrés dans les vues qui prévalent au sein
» de la majorité et qui ont reçu par avance la sanction
» du pays. Le pays a indiqué, et la Chambre a dit
» qu'elle voulait, autant qu'il est possible, rester maî-
» tresse de ses tarifs, de sa législation économique. »

Plus loin, M. le Ministre des affaires étrangères
ajoute encore : « La fermeté, Messieurs, nous vous la
» promettons. Nous apporterons dans les pourparlers
» qui pourront s'engager le désir le plus sincère de

» défendre, non seulement les intérêts de ce pays,
» mais aussi les résolutions du Parlement. »

Puis M. le Président du Conseil, après avoir affirmé
le droit du gouvernement de faire des traités, dit
aussi : « Il est bien certain que quand vous aurez voté,
» concurremment avec nous, deux tarifs que nous en-
» tendons prendre pour base de nos rapports inter-
» nationaux, il est évident, dis-je, que nous ne vien-
» drons pas de gaieté de cœur, et avec l'intention de
» heurter vos sentiments, nous faire précipiter immé-
» diatement du pouvoir en ouvrant une série de négo-
» ciations qui seraient mort-nées ; évidemment non.
» Ce serait, je le répète, une œuvre mort-née, et nous
» ne sommes pas assez aveugles ni assez insensés pour
» en agir ainsi. »

Quelle est donc la politique que l'on suit à l'heure
actuelle, sinon celle que M. le Président du Conseil
jugeait par avance si sévèrement ?

Que devons-nous penser, lorsque, quelques semaines
après que ces paroles étaient prononcées, dès le
20 janvier 1892, les mêmes ministres engageaient des
négociations qui portaient atteinte à ce tarif minimum ?
(*Approbation.*)

On a demandé qu'il ne fût plus conclu de traités de
commerce ; le pays n'en veut plus ; mais des conventions avec tarifs, ce sont de véritables traités de commerce ; dans tous les cas, elles constituent un ache-
minement vers des traités ; on commence par une convention et l'on finit par un traité de commerce.

M. le Ministre du commerce a pris soin de nous
indiquer lui-même, soit dans son discours de Saint-
Etienne, soit dans les communications faites à la
presse, sur quel terrain il se placera pour défendre la
convention proposée ; nous connaissons donc ses
projets et nous pouvons y répondre.

D'abord, il s'est efforcé d'engager avec lui tous les
membres du cabinet, d'en affirmer la solidarité ; mais
nous savons — et nous le déclarons nettement — qu'il

existe dans le cabinet des membres opposés à la convention franco-suisse, des hommes qui sont restés fidèles à leurs convictions ou aux engagements pris par eux à la face du pays.

Donc, lorsque M. le Ministre affirme que tout le cabinet partage ses idées, il se trompe: mais cet aveuglement ne doit pas nous surprendre de la part d'un homme qui n'a su ni distinguer le véritable intérêt du pays, ni respecter les promesses qu'il avait faites. (*Applaudissements.*)

Quelle est la théorie de M. le Ministre? — Je ne la discuterai pas dans tous ses détails, mais je tiens à relever une erreur énorme qu'il a commise, involontairement, je suppose.

M. le Ministre dit : En somme, dans quelle mesure les modifications que nous proposons d'apporter dans les tarifs frappent-elles notre importation? — Dans la proportion de 2 1/2 0/0; et il ajoute : l'importation française, dans son ensemble, représente un total de 4.425.000.000 francs. — Il est exact que l'ensemble de l'importation est frappée de 2 1/2 0/0, mais ce que M. le Ministre ne nous dit pas, c'est que, sur le total de 4.425.000.000, il y a 2.500.000.000 de marchandises qui entrent sans payer de droits ou en n'acquittant que des droits fiscaux ou de simples droits de statistique. Il en résulte que les 2 1/2 0/0 se trouvent transformés en 5 ou 6 0/0. Mais est-ce tout? Non, Messieurs; les tarifs proposés affectent 85 à 90 millions de produits fabriqués, et si vous voulez bien observer que les produits fabriqués entrent en France pour un ensemble de 600 millions, vous verrez qu'en ce qui concerne les produits fabriqués, les 5 à 6 0/0 se transforment en 14 à 15 0/0.

Telle est l'erreur que je voulais signaler. M. le Ministre sait bien qu'il est en désaccord, sur ce point, avec les statistiques qu'il publie tous les mois.

M. le Ministre compte surtout se placer sur le terrain politique. Des considérations très graves exigent, dit-il, que nous évitions un désaccord et une rupture avec la Suisse ; nous ne devons pas oublier que la Suisse est notre amie séculaire et que, dans nos malheurs, nous avons trouvé, sinon une force, du moins un cœur chez nos voisins. Puis viennent les menaces relatives à une entente possible de la Suisse avec les puissances de la Triple-Alliance.

Certes, la nation française n'est ni oublieuse, ni ingrate, ni méfiante ; elle ne demande qu'à conserver avec la petite République voisine les relations les plus cordiales, — mais enfin la Suisse n'est pas le seul pays avec lequel nous ayons à entretenir de bonnes relations ; nous devons vivre en bonne intelligence avec l'ensemble des nations européennes et celles-ci seraient fondées à se demander pourquoi, dans l'ensemble des produits qui les intéressent directement, nous leur refuserions des avantages que nous concédons à d'autres. Or, ces avantages, pouvons-nous les leur accorder sans une atteinte mortelle au travail national ? (*Très bien ! très bien !*)

Et puis, doit-on oublier que notre agriculture et notre industrie fournissent, sans récrimination, avec une abnégation patriotique, le contingent d'efforts et les ressources pécuniaires qu'on leur réclame pour les besoins du Trésor ? Si nous dépensons chaque année des centaines de millions et des milliards pour rendre la nation française forte, comme elle a le droit de l'être ; si nous appelons tous ses enfants sous les armes, est-ce pour les obliger à s'incliner en plus grand nombre devant les exigences des pays voisins ? — Non, la France ne doit pas se montrer agressive, mais elle doit pouvoir poser la main sur son épée quand on la menace ; elle a le devoir de faire respecter ce qui constitue à la fois sa gloire et sa richesse, sa force et sa sécurité : je veux dire son industrie et son agriculture. (*Applaudissements.*)

Si des considérations de cette nature ne peuvent pas être développées à la tribune, si l'on croit que de telles paroles seraient considérées comme une provocation ou une menace, rien ne nous empêche de nous y arrêter ici, car nous n'avons pas mission de représenter les grandes lignes de la politique française ; mais il est une politique qui nous est chère, qui nous intéresse et que nous devons défendre : c'est celle du travail.

Or nous disons que le gouvernement accomplira une œuvre funeste s'il compromet et détruit ce merveilleux élément de prospérité. (*Applaudissements.*)

Je viens de vous indiquer, dans leurs grandes lignes, les principaux arguments sur lesquels compte s'appuyer M. le Ministre ; quant à nous, aujourd'hui nous nous cantonnons dans la question de principe ; nous voulons que l'on respecte les votes du Parlement, surtout lorsqu'ils sont le reflet de l'opinion publique tout entière. Puisque nous avons un gouvernement fondé sur la représentation du pays par le pays, nous demandons que les représentants de la nation s'inspirent de ses volontés et défendent ses intérêts : — sa voix s'est fait entendre, ils doivent lui obéir ! (*Très bien ! très bien !*)

M. le Ministre a fait remarquer qu'il n'y avait que quatre ou cinq concessions de quelque importance, dans le projet de convention avec la Suisse. Je le sais, mais je sais aussi qu'elles frappent l'agriculture et l'industrie et que nous entendons, l'une et l'autre, marcher la main dans la main afin de nous soutenir et de nous faire respecter ; car si l'une de nous se trouve menacée aujourd'hui, ce sera demain le tour de l'autre. (*Marques nombreuses d'approbation.*)

Et savez-vous, Messieurs, quelles sont ces concessions contre lesquelles proteste l'agriculture et que M. le Ministre traite si légèrement, comme des concessions insignifiantes ? — On réduit le droit sur les vaches, bouvillons, taurillons et taureaux de 50 0/0 ! On réduit le droit de 27 0/0 sur les fromages durs, de 100 0/0 sur le lait...

M. VIGER, *député.* — On viole ainsi les engagements les plus solennels ! En ma qualité de rapporteur des

droits sur le bétail à la Chambre des députés, je proteste énergiquement contre cette violation des promesses
du gouvernement. (*Applaudissements répétés.*) M. Jules
Roche a fait, dans cette circonstance, ce que M. Tirard
— qui est un esprit intègre et libéral, auquel je rends
justice, bien que je ne partage pas ses convictions
économiques — n'avait jamais osé faire. Jamais on
n'avait touché à un tarif général par voie de décret,
pour atteindre des produits qui avaient été tenus en
dehors. On touche à ces taxes qui avaient été soigneu-
sement réservées, non seulement pour les consolider
dans un traité de commerce, mais pour les réduire
dans une proportion de 50 0/0 au-dessous de ce qu'elles
étaient antérieurement aux traités. C'est là un procédé
inadmissible! (*Nouveaux applaudissements.*) Je demande
pardon à M. le Président de l'avoir interrompu, mais
je me suis laissé entraîner... *Facit indignatio valem!*
(*Très bien! très bien!*)

M. SÉBLINE, *sénateur.* — Comme rapporteur au
Sénat des droits sur le bétail, je joins ma protestation
à celle de l'honorable M. Viger. Des engagements
solennels avaient été pris, ils sont aujourd'hui auda-
cieusement violés et je ne puis pas croire que le Parlement ne rejette pas en bloc un traité dont le pre-
mier article est une violation flagrante des promesses
faites par le gouvernement. (*Applaudissements.*)

M. VIGER. — Voulez-vous me permettre de compléter ma pensée?... (*Parlez! parlez!*) J'ajoute que, si je
tiens à protester hautement contre la violation des promesses du gouvernement en ce qui concerne le tarif
général, c'est que, contrairement à l'opinion de notre
éminent leader M. Méline, j'ai combattu l'incorpora-
tion du bétail dans le tarif minimum, estimant qu'il
fallait laisser les produits agricoles en dehors de toute
convention, car nous ne savons pas quelle peut être, à
un moment donné, la situation de ces produits dans le
monde entier et qu'en conséquence une majoration ou

une diminution des droits peut devenir indispensable
dans certaines circonstances.

Cette opinion, je l'ai soutenue devant la Chambre et
je la conserve à l'heure actuelle. Je repousse donc la
convention franco-suisse, non seulement à cause de
l'atteinte qu'elle porterait au tarif général, ce qui m'est
particulièrement sensible, mais encore à cause de l'atteinte qu'elle porterait au tarif minimum qui doit être
la loi qui règle les rapports de la France avec les pays
étrangers. A ce point de vue, je pense, comme M. le
Président, qu'il doit y avoir une solidarité absolue
entre l'industrie et l'agriculture. C'est cette union qui
a fait notre force contre nos adversaires, c'est dans les
mêmes conditions que nous devons engager la bataille,
si nous voulons conserver nos positions ! (*Nouveaux
applaudissements.*)

M. LE PRÉSIDENT. — L'honorable M. Viger s'excu-
sait tout à l'heure de m'avoir interrompu; je suis au
contraire fort heureux d'avoir pu provoquer son inter-
vention, ainsi que celle de l'honorable M. Sébline.

Vos préoccupations sont les nôtres, Messieurs, et
vous trouverez, dans le projet de protestation que je
vais avoir l'honneur de vous lire, un article visant pré-
cisément les garanties promises à l'agriculture et rappelant ce qui s'était passé en 1882. Nous sommes tenus
à une très grande modération par une raison que vous
ne trouverez peut-être pas très modeste : c'est que
nous nous sentons très forts, ayant derrière nous le
pays tout entier; mais nous n'en enregistrons pas
moins vos protestations avec le plus grand plaisir et
nous sommes convaincus que des voix aussi autorisées
que les vôtres ne resteront pas sans écho dans le Parlement. (*Applaudissements.*)

Les sentiments que vous venez d'exprimer ont ins-
piré notre protestation. Nous ne nous plaignons pas
seulement de la convention franco-suisse en elle-même,
au point de vue de ses conséquences, nous nous plaignons encore qu'elle ait été préparée sans le concours

des représentants élus de l'agriculture et de l'industrie. Cependant, nos rivaux eux-mêmes nous avaient donné, à ce sujet, un exemple que nous eussions dû suivre : lorsque le négociateur suisse est venu en France, le gouvernement fédéral lui avait adjoint un grand nombre d'agriculteurs et d'industriels. Rien de semblable n'a été fait ici et nous nous demandons, en vérité, comment et par qui le travail national s'est trouvé défendu ! (*Nouveaux applaudissements.*)

J'avais l'honneur de vous dire tout à l'heure, Messieurs, que les conventions amènent fatalement les traités de commerce ; veuillez ne pas oublier les enseignements de l'histoire. On nous dit, aujourd'hui : Si vous ne signez pas une convention avec la Suisse, nous cesserons de la compter parmi nos alliés, en face de la Triple-Alliance. Eh bien, je ne vous demande pas de remonter bien haut dans vos souvenirs, je vous rappelle seulement ce qui s'est passé en cette néfaste année 1870 et je vous prie de vous souvenir que le langage qu'on nous tient en ce moment est le même que l'on nous tenait en 1860, lorsqu'on a conclu, mystérieusement comme aujourd'hui, les anciens traités de commerce. (*Bravos et applaudissements.*) A ce moment, la France a tendu la main aux pays étrangers, elle leur a apporté la fortune en leur ouvrant son marché, le plus riche et le plus sûr du monde ; et, dans l'adversité, elle n'a plus rencontré que l'égoïsme et l'indifférence (*Sensation*)... et je ne puis m'empêcher d'évoquer la mémoire de l'homme habile, du vigoureux athlète, de l'ami que nous avons perdu, de M. Pouyer-Quertier. Ceux qui ont eu, comme moi, l honneur de faire partie de l'Assemblée nationale se rappelleront les paroles que prononçait à la tribune cet homme éminent, ce grand patriote qui connaissait si bien son pays ; ils se rappelleront l'avoir vu pleurer, à la pensée que la France ayant perdu jusqu'à son dernier sou et son dernier homme, il lui était impossible, liée par ces maudits traités de commerce, de demander à l'étranger, par une surélévation de droits, un peu de l'or qui devait payer sa rançon. Le Trésor était vide et on ne pouvait s'adresser à personne pour combler, au moins en partie, le déficit. Ce sont là des choses que l'on n'oublie jamais lorsqu'on a dirigé les affaires d'un pays, et un gouvernement, quel qu'il soit, ne devrait jamais les oublier ! (*Très bien !*)

Je viens de vous exposer la situation, Messieurs. L'œuvre que nous combattons, je le répète, n'est pas celle du gouvernement tout entier ; nous possédons, à cet égard, des renseignements qu'il ne nous est pas permis de révéler ; mais nous savons qu'il y a eu, sur ce point, de très vives discussions au sein du cabinet. Non, le gouvernement n'est pas unanime ; nous n'avons en face de nous qu'un homme dont la volonté est dangereuse pour le pays : — il faut qu'il le sache ! (*Vifs applaudissements.*)

Si je ne me suis pas étendu davantage sur la question de principe, c'est que j'ai craint de sortir du calme qui m'est imposé. Je ne dois pas oublier que je ne parle pas ici en mon nom personnel : — j'ai l'honneur de représenter devant cette assemblée, non seulement l'Association de l'Industrie française, mais aussi, pour un moment, la Société des Agriculteurs de France, l'agriculture tout entière, et, je puis le dire, la grande majorité des Français, puisque nous représentons ensemble 85 0/0 de la population.

Messieurs les agriculteurs, le Comité de l'Association de l'Industrie française remercie M. le Président de la Société des Agriculteurs de France et le Conseil de cette Société d'avoir bien voulu désigner, pour représenter l'agriculture, les hommes éminents que je vois près de moi et devant moi dans cette imposante réunion. Il les remercie d'avoir ainsi affirmé cette solidarité dont je parlais tout à l'heure et dont nous sommes à la fois fiers et heureux, car elle fait notre force.

Messieurs les industriels, je saisis l'occasion qui m'est offerte de vous remercier du concours généreux que

vous voulez bien nous prêter pour nous seconder dans
la lutte pour la défense du travail ; particulièrement ceux
d'entre vous qui, représentant des industries non attein-
tes par le projet de convention, ont cependant tenu à se
joindre aux autres, comprenant que, quand l'un de
nous, quel qu'il soit, se trouve menacé, tous doivent le
soutenir ; peut-être aussi, dans ce concours que vous
donnez avec tant de générosité à votre Comité de direc-
tion, ce dernier peut-il trouver, laissez-moi l'espérer,
un témoignage de la confiance que vous inspire son
énergie attentive pour la défense de notre cause.
(*Approbation et applaudissements.*)

Messieurs, j'ai été très heureux de pouvoir serrer
les mains de MM. les délégués des tisseurs de la région
lyonnaise. Ils ont été informés qu'une réunion devait
se tenir aujourd'hui, où se trouveraient de nombreux
représentants de l'industrie, et ils ont tenu à venir
mêler leur voix à la nôtre.

Nous suivons avec le plus grand soin la question
qui les préoccupe : on veut réduire, dans la convention
franco-suisse, les droits qui frappent les tissus de soie
pure comme si ces droits n'avaient pas eu d'heureuses
conséquences. Or, laissez-moi vous signaler un document paru ce matin, document très important, vous
pourrez vous en convaincre.

Les ouvriers de la région lyonnaise ont écrit ceci :
« Si la Chambre donnait raison à M. le Ministre du
commerce, ce serait l'anéantissement de la situation
prospère dont jouit l'industrie lyonnaise et ce serait la
perte de l'augmentation de salaires dont nous avons
besoin. » (*Très bien ! C'est cela !*)

Il n'y a pas de solidarité entre l'ouvrier lyonnais et
ses patrons, tandis que, dans l'industrie en général,
cette solidarité se montre à chaque instant. Le patron
souffre-t-il ? l'ouvrier souffre ; est-il heureux ? l'ouvrier
se ressent dans son salaire de cette situation prospère.
Pourquoi n'en est-il pas ainsi à Lyon ? C'est que ce
qu'on est convenu d'appeler l'industrie lyonnaise est

moins dans les mains de patrons que dans celles de banquiers et de commissionnaires qui, cosmopolites par essence, ne peuvent pas partager nos idées économiques ; quand leur situation est prospère, — et je trouve fort naturel qu'ils la souhaitent ainsi — l'ouvrier n'en éprouve aucune amélioration et n'en retire aucun profit, il est constamment l'instrument de travail que l'on exploite pour que son travail devienne moins onéreux, c'est-à-dire moins rémunérateur.

Les ouvriers ont ressenti l'heureuse action du nouveau régime économique, parce que l'importance des demandes a fait que l'on avait plus besoin d'eux et de leur travail ; leur situation s'est sensiblement améliorée, j'en trouve la preuve dans un document que publie chaque mois l'administration des douanes et j'y vois, en effet, que, pendant les huit ou neuf mois qui se sont écoulés depuis l'application des nouveaux tarifs, il n'est entré que 126.612 kilos de soieries étrangères, tandis qu'il en était entré durant la période correspondante de l'année dernière, antérieurement à la mise en vigueur des nouveaux tarifs, 478.991 kilos ! Il y a donc, dans le chiffre des importations, une différence de 352 millions de kilos au profit du travail de la région lyonnaise.

Eh bien, Messieurs les ouvriers lyonnais, et vous tous, Messieurs, voulez-vous savoir ce que cette différence représente, au point de vue de votre travail ? — C'est une valeur de 24 millions et demi rendue au travail national, c'est-à-dire à vous, et ce résultat vous le devez au régime douanier qui a été appliqué depuis le mois de février dernier. — Voilà qui en dit plus que tous les raisonnements du monde ! (*Applaudissements.*)

Nos adversaires, je suis bien aise de le dire, en passant, à propos du discours de Remiremont, et de l'admirable exposé de M. Méline, ont reproché à notre éminent ami de s'être félicité de la diminution des importations ; eux, au contraire, la considèrent comme une preuve de l'arrêt du travail français : ils oublient que le résultat obtenu est celui que nous cherchons, car ce que nous voulons, c'est diminuer le travail de l'étranger, en vue de favoriser le travail national.

Messieurs les sénateurs et Messieurs les députés, permettez-moi de vous remercier d'avoir bien voulu assister à cette assemblée, dont votre présence rehausse à un si haut degré l'importance; nous y voyons le gage du désir qui vous anime de favoriser le travail national, de ne pas laisser entamer l'œuvre si grande que nous vous devons et qui sera, nous en sommes convaincus, la gloire de la législature actuelle.

Nous vous demandons de conserver ce dévouement aux intérêts du travail national, de ne pas oublier que l'industrie et l'agriculture donnent au Trésor ses plus précieuses ressources, à l'armée ses plus solides soldats. Au nom des ouvriers et des patrons, des paysans et des propriétaires, nous vous demandons de nous soutenir de tout votre pouvoir contre le projet qui va vous être soumis. Tous les regards sont tournés vers vous et nous vous supplions, au nom de votre amour pour tous les travailleurs, de vous dresser de toute votre énergie contre ceux qui, méconnaissant leur mandat, vont chercher, dans les grèves, une popularité aussi détestable que ruineuse. (*Vifs applaudissements.*)

Je donne la parole à M. Marc de Haut, délégué de la Société des Agriculteurs de France.

M. MARC DE HAUT. — Messieurs, je viens au nom, et comme un des délégués de la Société des Agriculteurs de France, répondre fraternellement à l'appel de M. le Président de l'Association de l'Industrie française.

L'agriculture n'a pas attendu cette réunion pour protester et je crois que, de tous les points de la France, les protestations arrivent très nombreuses, s'adressant à tous les députés.

Je ne veux pas examiner en détail le projet dont il s'agit, et indiquer toutes les blessures qu'il fait à notre agriculture. La principale, celle sur laquelle j'aurais voulu insister, vient d'être signalée d'une façon si éloquente et si énergique par l'honorable rapporteur, à la Chambre, des tarifs des animaux, que je n'ai plus rien à ajouter ; je dirai seulement que c'était la piqûre la plus aiguë que nous avions ressentie à la lecture du traité.

Mais, si je laisse de côté ce que la question peut présenter de spécial au point de vue de l'agriculture et de l'industrie, je tiens à insister sur un point : c'est la nécessité, qui s'impose à nous, de rester profondément unis, de ne pas nous diviser, quelles que soient les sollicitations dont on nous assaille d'un côté ou de l'autre. C'est l'union qui a fait notre force, c'est l'union qui la fera encore ; et vous pouvez être assurés que nous, agriculteurs, nous sommes décidés à la maintenir jusqu'au bout. (*Applaudissements.*)

Nous avons traversé, dans ces cinquante ou soixante dernières années, bien des périodes où l'agriculture a été sacrifiée ; et cela parce qu'elle n'était pas unie avec l'industrie. Pourquoi ?... Je ne veux pas le rechercher, et je me borne à constater le fait. Aujourd'hui, ce fait a disparu. L'union a été cimentée entre nous, et elle a triomphé, l'année dernière, par le vote du tarif général des douanes.

Nous avions en face de nous, permettez-moi de le dire, une sorte de Triple-Alliance : celle des doctrinaires, des commissionnaires et des armateurs.(*Rires.*) Il a fallu lutter contre cette Triple-Alliance ; mais le jour où l'industrie a donné la main à l'agriculture, nous avons eu notre Cronstadt, et j'espère qu'à l'avenir la Double-Alliance saura toujours triompher de la Triple. (*Bravos et applaudissements.*)

Nous comptons donc sur vous, industriels, et vous pouvez compter sur nous. (*Nouveaux applaudissements.*)

Notre triomphe, nous l'avons dû aussi à ce que nous avons dit à nos représentants : « Voilà quels sont nos vœux ; vous vous montrerez dignes de notre confiance, en votant dans le sens qu'indiquent les véritables intérêts du pays. »

C'est de cette façon, qu'aux élections de 1889, nous

avons fait sortir une majorité qui a donné raison à la France. Eh bien! ce que nous disions en 1889 à nos candidats, nous le répétons aujourd'hui à nos députés. A eux de nous présenter aux prochaines élections des votes conformes à ceux que nous demandons. Quand viendra la période électorale de 1893, nous nous souviendrons de notre victoire.

En attendant, nous espérons que, se rappelant les promesses qu'ils nous ont faites en 1889 et, justement fiers de nous avoir dotés de notre nouveau régime économique, nos députés continueront à voter comme ils l'ont fait l'année dernière, ne fût-ce que parce qu'ils savent qu'ils ont fait une bonne action. (*Applaudissements.*)

Ils ne se laisseront pas séduire, j'en suis sûr, par les considérations politiques qu'on viendra jeter dans le débat. Ainsi que vous le disait tout à l'heure votre honorable Président : Est-ce que la France libre-échangiste de 1860 a trouvé, au moment de ses désastres, un appui quelconque auprès des nations qui avaient profité de ses tarifs? En aucune façon! Nous n'avons rencontré que l'égoïsme et l'indifférence — je crois que ce sont les expressions dont votre Président s'est lui-même servi.

Mais il y a une considération qui me frappe davantage encore et sur laquelle je voudrais m'arrêter un instant. On nous présente aujourd'hui une convention qui s'appelle la convention franco-suisse; mais, demain, on nous en soumettra une qui s'appellera le traité franco-belge ou le traité franco-italien, et, pour moi, tous ces traités n'ont qu'un nom : celui de traité franco-allemand. Nous n'avons pas oublié l'article 11 du traité de Francfort, et nous savons combien il nous a paru lourd pendant une longue suite d'années; mais l'année dernière, la Chambre, en déclarant, avec un patriotique courage, que la France ne ferait plus de traités de commerce, a biffé cet article 11 en tout ce qu'il avait de nuisible et n'a laissé subsister, entre l'Allemagne et nous, que la clause de réciprocité. Si donc on signait un traité avec qui que ce soit, on rétablirait, en fait, l'article 11, et il faudrait consentir, en faveur de l'Allemagne, tous les avantages concédés au pays avec lequel nous aurions traité.

Cette grave considération, Messieurs, me paraît dominer tout le débat, et c'est pourquoi je pense que nous accomplissons une œuvre patriotique quand nous demandons le rejet de la convention proposée. Comme le disait tout à l'heure l'honorable M. Sébline, le Parlement n'a qu'une chose à faire : c'est de rejeter sans discussion et en bloc le projet qui lui est soumis, en disant : « C'est un traité de commerce : arrière ! nous n'en voulons pas ! »

Disons bien à nos représentants que notre cause est celle de la France, celle du travail national ; disons-leur que l'Association des industriels et la Société des Agriculteurs sont d'accord pour la soutenir ; que c'est une cause vraiment nationale qui intéresse le pays tout entier ; et nous pouvons être assurés qu'ils ne la déserteront pas. (*Applaudissements répétés.*)

M. LE PRÉSIDENT. — La parole est à M. Chabert, délégué des ouvriers tisseurs de soie de la région lyonnaise.

M. CHABERT. — Messieurs, si je demande à prendre la parole au milieu de vous, c'est simplement pour vous fournir quelques renseignements. En ma qualité de tisseur et de délégué de la région lyonnaise, je ne représente pas seulement les ouvriers, mais aussi les patrons et un peu les petits commerçants qui sont intéressés à notre existence.

L'année dernière, lors de la discussion engagée devant le Parlement, vous vous rappelez que l'industrie lyonnaise était libre-échangiste ; elle n'admettait pas la protection, elle n'en avait pas besoin... — du moins on le disait. Mais vous avez vu cependant les ouvriers s'adresser aux députés et à l'Association de l'Industrie française — et à cette occasion je suis heureux de pouvoir remercier, au nom de nos collègues, cette

Association de l'appui qu'elle nous a prêté — pour leur permettre de défendre la cause de leur travail. (*Applaudissements.*)

Nous, ouvriers lyonnais, nous n'avons trouvé, j'ai le regret de le dire, parmi les députés de notre région, que MM. Prénat, Lagrange, Guichard, Couturier et Lachize, pour appuyer de leur parole ou de leurs votes nos revendications ; ceux qui, avec eux, nous ont défendus, nous avons été obligés de les chercher ailleurs ; nous l'avons fait et nous avons reçu d'eux un accueil bienveillant et dévoué. Nous les remercions sincèrement aussi, et nous osons espérer qu'il en sera dans l'avenir comme il en a été dans le passé. (*Marques nombreuses d'approbation.*)

Messieurs les sénateurs et députés, lorsque nous avons eu connaissance du projet de convention franco-suisse, nous nous en sommes vivement émus, comme toute la population soyeuse ; nous nous sommes réunis, entre ouvriers, avec quelques-uns des patrons sur lesquels nous comptions, et nous nous sommes aperçus qu'ils avaient changé d'opinion depuis l'année dernière. L'année dernière, ils étaient découragés ; cette année, ils avaient repris courage... peut-être n'oseraient-ils pas vous l'avouer... (*Rires.*)

M. FOUGEIROL. — S'ils n'osent pas le dire, je le dirai !

M. CHABERT. — Soutenus par nos patrons cette année, nous avons voulu savoir si les tarifs avaient donné dans la région lyonnaise les mêmes résultats qu'ailleurs, et nous nous sommes mis en campagne. Nous avons visité la région de la Loire... non pas les établissements de Saint-Etienne, mais ceux d'à côté, où le ministre n'est pas allé... (*Nouveaux rires*)... là où l'on tisse.

M. VIGER. — Là où il n'y avait pas d'arcs de triomphe ! (*Hilarité.*)

M. CHABERT. — Dans la contrée où l'on fait de la passementerie, des rubans, l'industrie stéphanoise jouit d'une protection de 500 francs ; il lui est indifférent qu'on ènlève la protection accordée à l'industrie lyonnaise, mais elle tient à la sienne ! (*Nouveaux rires.*)

Nous avons visité tous les centres de tissage, et vous pouvez être assurés, Messieurs les sénateurs et députés, que la population ouvrière de la soierie est avec vous tout entière pour le maintien des droits.

Je dois vous dire que nous avions fait l'an dernier un voyage dans la même région, en vue d'appuyer nos revendications. Nous disions aux ouvriers : « Si l'on impose des droits, le travail deviendra plus abondant, vous aurez moins de misère et plus de bien-être. » Cette année, nous leur avons demandé quels effets avaient produits les nouveaux tarifs douaniers, si eux, ouvriers, avaient moins de travail et plus de chômage. Ils nous ont répondu : « Au contraire ! Nos bras sont maintenant recherchés par les patrons. » Nous avions un certain nombre d'articles qui, autrefois, étaient une production spéciale de la fabrication de la Loire, notamment la soierie pour parapluies. Depuis quelques années, cette fabrication avait disparu, et beaucoup d'ouvriers soyeux s'étaient mis à tisser la cotonnade. Or, depuis l'application des nouveaux tarifs douaniers, les parapluies en soie ont reparu dans la région, ainsi que d'autres articles. (*Rires approbatifs et applaudissements.*)

Il en a été de même pour la ville de Lyon. En ce qui concerne le tissage, le nombre des métiers n'était plus ce qu'il était autrefois ; de 70.000 qu'il comptait avant 1860, il était tombé à 10 ou 12.000, et, dans ces dernières années, quand on en employait 5 à 6.000, c'était beaucoup. Depuis l'application des nouveaux tarifs, au contraire, les bras ont été recherchés. Je ne dirai pas que les salaires ont beaucoup augmenté ; mais il est indéniable cependant qu'ils se sont un peu élevés ; il est certain qu'en maintenant les droits, on maintiendra le travail et que les salaires reviendront bientôt à ce qu'ils étaient jadis. (*Vive approbation.*)

Messieurs, je ne vous retiendrai pas davantage... (*Parlez ! parlez !*)

Nous avons visité les départements de Saône-et-Loire et du Rhône ; quelques-uns de nos collègues ont parcouru ceux de l'Ain et de l'Isère. Partout nous avons prié le Conseil municipal de chaque commune de vouloir bien formuler ses appréciations dans des protestations dont j'ai déposé sur le bureau un spécimen.

M. le Ministre du commerce en reçoit tous les jours de nouveaux exemplaires. Ces pétitions, qui portent des signatures d'ouvriers, de patrons, de conseillers municipaux, demandent le maintien absolu du droit de 4 francs au tarif minimum sur les tissus de soie pure de provenance étrangère.

Laissez-moi m'associer, en terminant, à une déclaration qu'a faite tout à l'heure notre honorable Président. Je crois comme lui, au point de vue des intérêts de tous les ouvriers de la région lyonnaise que je représente, qu'on fera une œuvre patriotique en luttant énergiquement contre le projet du ministre du commerce. (*Applaudissements prolongés.*)

M. LE PRÉSIDENT. — Avant de donner la parole aux orateurs qui se sont fait inscrire, je demande la permission de remercier M. le délégué des ouvriers de la région lyonnaise de l'intéressante communication qu'il vient de nous faire. Je tiens à ajouter que si l'Association de l'Industrie française, qu'il s'est cru obligé de remercier, s'est fait un devoir de soutenir les revendications des ouvriers de la région lyonnaise, ce n'est pas seulement parce que ce sont des ouvriers qui ont les mêmes intérêts que nous. Vous pourrez dire à vos collègues, monsieur Chabert, que si nous nous sommes mis à leur service, c'est qu'ils sont des ouvriers peu favorisés ; et aussi pour cette raison, que je vous prie de vouloir bien leur répéter, que ce sont des ouvriers sages et intelligents, dont l'industrie constitue une des gloires de la France. (*Vifs applaudissements.*)

La parole est à M. Bigot.

M. BIGOT. — En nous indiquant tout à l'heure la principale cause qui nous a permis de faire voter le tarif général des douanes,— je veux parler de l'union de l'industrie et de l'agriculture — l'honorable M. Marc de Haut a oublié d'indiquer un autre élément de notre succès : je veux parler de l'union des agriculteurs entre eux, union qui n'avait pas toujours existé.

Ce n'est pas d'aujourd'hui que nous avions essayé de défendre les agriculteurs, mais nous avions eu jusqu'ici la mauvaise fortune de les trouver toujours désunis ; les viticulteurs s'opposaient toujours aux droits protecteurs que nous réclamions. Si nous avons triomphé au cours de la dernière législature, cela tient à ce que les viticulteurs se sont joints à nous et à l'industrie pour voter, de leur côté, les droits sur les bestiaux et sur les textiles, tandis que nous votions, du nôtre, les droits sur les vins étrangers. Il est nécessaire que cette union se maintienne.

Or, je dois signaler l'habileté — pour ne pas dire plus — dont ont fait preuve les rédacteurs de la convention franco-suisse. Dans un des articles de cette convention figurent les « vins en bouteilles et vins mousseux » qui, si la convention était votée, entreraient en Suisse à tarif réduit.

Je voudrais qu'il fût bien entendu que les viticulteurs ne se laisseront pas entrainer par cette séduisante promesse, et qu'ils ne feront pas bon marché des droits de l'agriculture, dans l'unique but d'obtenir quelques avantages pour leurs vins. Ils détruiraient ainsi une union qui a été féconde pour l'agriculture française tout entière et, pour un bénéfice de quelques centimes par bouteille, ils s'exposeraient, en un jour prochain, à voir la convention franco-suisse suivie d'un traité franco-italien ou franco-espagnol accordant, à leur détriment, des avantages aux vins de ces pays.

Je me résume : nous sommes aujourd'hui unis avec les industriels ; ne nous divisons pas entre agriculteurs. Je ne crois pas que nous soyons très menacés en ce moment, mais nous ne tarderions pas à l'être si nous nous séparions, et le jour où une brèche serait ouverte, il deviendrait impossible de la fermer! (*Très bien! très bien!*)

M. LE PRÉSIDENT. — La parole est à M. Fougeirol.

M. FOUGEIROL. — J'avais envie de demander la parole tout à l'heure quand j'entendais mon ami M. Viger s'élever contre la convention franco-suisse, et rappeler que le ministre violait ses engagements les plus formels en portant la main sur des articles inscrits au tarif minimum. Si je le fais maintenant, c'est qu'après avoir entendu M. le délégué de Lyon, je désire compléter les explications qu'il vous a données et, en même temps, ajouter un mot aux observations présentées par l'honorable M. Viger.

Si M. le Ministre du commerce a violé les promesses les plus formelles en touchant au tarif du bétail, il a aussi violé la logique et le bon sens en touchant aux droits sur les soieries. En effet, Messieurs, que penseriez-vous d'un ministre qui proposerait d'établir des droits sur les blés et de supprimer les droits sur les farines? Vous supposeriez qu'il a perdu l'esprit où qu'il veut ruiner, non seulement l'agriculture, mais la meunerie française; car l'affranchissement des farines étrangères rendrait absolument vaine la protection que l'on aurait accordée aux blés; si bien que le meunier, comme l'agriculteur, se trouverait exposé sans défense à la concurrence étrangère.

Or, c'est une mesure exactement semblable que propose M. le Ministre du commerce, pour une des branches les plus importantes de la production française : celle de la soie.

Qu'avait fait le Parlement? Il s'était refusé à entrer dans la voie où nous le poussions, la seule logique; et, au lieu de nous accorder un droit sur les produits étrangers, il avait admis qu'une somme de six ou sept millions serait distribuée en primes aux producteurs de soie; il avait consenti, en ce qui concerne les soies moulinées, — qui viennent de l'étranger et qui sont une matière première, — et les étoffes de soierie pure — qu'on propose de dégrever aujourd'hui, — il avait consenti, dis-je, à accorder un droit de 3 francs.

Quelle est la sanction de la prime ainsi accordée à l'agriculture ? C'est la prospérité de l'industrie des tissus de soierie pure, c'est-à-dire de celle qui emploie la matière première primée. — A quoi, en effet, servirait ce sacrifice de six à sept millions s'il nous fallait aller chercher la vente de notre soie brute à l'étranger, ne pouvant pas la vendre sur notre marché national ? Quel profit tireront les mouliniers du droit de 3 francs qu'on leur accorde, et qui les protège contre les soies moulinées venant de Suisse, d'Angleterre et d'Italie, lorsqu'ils verront les tissus de ces pays entrer en franchise ou à tarif absolument réduit ? A quoi bon maintenir des droits sur les soies moulinées si les produits qu'elles servent à fabriquer doivent disparaître de France en consommant la ruine de l'industrie lyonnaise ? C'est donc, vous le voyez, l'illogisme de M. le Ministre du commerce qui tuerait la production française. (*Approbation.*)

Je voudrais ajouter quelques mots en réponse à l'observation présentée tout à l'heure par M. Bigot : il rappelait que les agriculteurs avaient été autrefois divisés entre eux, et que l'appui des viticulteurs leur avait fait défaut. Or, il s'est produit un phénomène analogue qu'il est bon de signaler à l'opinion publique en protestant avec énergie : les sériciculteurs se sont trouvés n'être pas représentés ou ne l'être que par des gens qui avaient des intérêts contraires aux leurs. Vous savez, en effet, Messieurs, que les producteurs de soie, les sériciculteurs, les filateurs, les mouliniers, les tisseurs de Lyon, et ceux qui sont leurs patrons directs, étaient censés représentés par les banquiers qui siègent à la Chambre de commerce de Lyon, de même que les viticulteurs étaient censés représentés par les fabricants de vins de Bordeaux qui confectionnent du Château-Yquem avec des vins d'Espagne et d'Italie. (*Rires.*)

Ce sont ceux qui étaient ainsi réputés parler en notre nom, qui ont réclamé l'entrée en franchise des tissus étrangers, sans s'apercevoir que l'absence de droits facilite le commerce de ceux qui ont pour profession d'exploiter notre patrimoine national et de vendre sous le nom de soieries lyonnaises des produits qu'ils font fabriquer en Suisse. — Voilà la vérité ! (*Vifs applaudissements.*)

Les viticulteurs ont réussi à s'affranchir du patronage de la Chambre de commerce de Bordeaux, et la déclaration que faisait tout à l'heure M. Bigot suffit à nous montrer qu'ils ne se laisseront plus tromper à l'avenir par certains marchands de vins étrangers, et qu'ils resteront fidèles à la parole donnée ; l'œuvre commune sera maintenue et elle fera le salut de tous, de la viticulture comme de l'industrie de la soierie lyonnaise.

M. Aynard, dans un ouvrage à la sincérité duquel je rends hommage, indiquait très justement la différence qui sépare la fabrication de soieries étrangères de la nôtre. L'industrie française, disait-il, est essentiellement originale ; elle fabrique continuellement des articles nouveaux et la fabrique lyonnaise est le cerveau dans lequel germent chaque jour des idées nouvelles ; c'est le laboratoire d'où sortent incessamment le nouveau, l'inédit ; la fabrication étrangère n'est que la copie servile de nos modèles. — Il ajoutait que le plus grand danger qui menace la fabrication française, c'est l'espionnage, la reproduction de ses modèles sans cesse renouvelés. — Mais ce que M. Aynard ne dit pas et ce qu'il faut dire, c'est que cet espionnage trouve des complices chez les marchands qui vendent des soieries suisses sous le nom de soieries françaises. Ceux-là ont intérêt à nous trahir, à copier, pour les vendre, tous les modèles créés par nos ouvriers lyonnais.

Celui, au contraire, qui a créé dix dessins nouveaux

(parmi lesquels un seul réussit, parfois, et doit suffire à couvrir les frais des neuf autres), celui-là se trouve dans la situation d'un inventeur qui a fait de gros sacrifices pour créer un modèle et prendre un brevet, et qui se voit ruiné par le commissionnaire parisien, qui vend comme produits français des articles fabriqués à l'étranger. (*Applaudissements.*)

M. LE PRÉSIDENT. — Ce que les orateurs qui viennent de prendre la parole n'ont pas dit, c'est que les « légères » retouches que M. le Ministre propose d'apporter au tarif des soies pures sont les suivantes : elles sont protégées actuellement par un droit de 4 francs que M. le Ministre propose de réduire à 0 fr. 50, — soit une diminution de 7/8 !

M. FOUGEIROL. — Et il faut ajouter encore que lorsque nous voulons exporter à l'étranger, il nous faut payer des droits de 12 et 13 francs — et je ne parle pas de l'Amérique ni de la Russie qui nous ont imposé un tarif absolument prohibitif.

En conséquence, en établissant un droit de 4 francs, nous ne demandons que le tiers ou le quart de ce qu'on nous fait payer à nous-mêmes, — et c'est ce tarif si réduit que la Suisse, — et avec elle M. le Ministre du commerce, — trouve exagéré !

M. LE PRÉSIDENT. — J'ai l'honneur de donner lecture à l'Assemblée du projet de protestation que nous soumettons à son approbation.

Considérant :

Que le Parlement, se faisant l'interprète des vœux du pays, a, après de longues et mûres délibérations, affirmé sa volonté inébranlable de renoncer aux traités de commerce ; que, pour ce motif, il a voté deux tarifs distincts : un tarif général applicable aux nations qui ne nous accorderont aucune concession, un tarif minimum applicable aux pays qui soumettront nos produits aux droits les plus réduits ;

Que ce tarif minimum a été reconnu comme représentant strictement la somme de protection actuellement indispensable à notre production nationale, non pour se soustraire à la concurrence étrangère, mais pour pouvoir lutter contre elle sans désavantage ;

Qu'il est inexplicable que l'on songe à modifier notre nouveau régime douanier avant d'en avoir fait au moins une expérience suffisante ;

Que rien ne justifie en ce moment ce retour sur des votes émis par la grande majorité du Parlement ;

Qu'au contraire, les statistiques officielles accusent une énorme augmentation de nos exportations et une forte diminution de nos importations pendant les mois écoulés de cette année, en regard de la période correspondante de l'année dernière ;

Que, contrairement aux prédictions des libre-échangistes, jamais, depuis longtemps, les objets d'alimentation et les denrées de première nécessité n'ont été à aussi bon marché qu'aujourd'hui ;

Que néanmoins, dès le 20 janvier, avant même la mise en vigueur des tarifs, des négociations s'engageaient avec la Suisse en vue d'une convention réduisant les droits de notre tarif minimum sur 55 numéros comprenant 85 catégories d'articles intéressant également l'agriculture et l'industrie françaises ;

Qu'il y a donc lieu de protester vivement, en leur nom, contre ce projet ;

Qu'en effet, s'il était adopté, ce serait le renversement du nouveau régime économique si péniblement et si vaillamment conquis ;

Que les concessions consenties à la Suisse devraient être accordées à l'Angleterre, à la Belgique et à tous les pays avec lesquels le gouvernement a échangé la clause de la nation la plus favorisée ; et notamment à l'Allemagne qui, par suite du traité de Francfort, a le droit d'en réclamer le bénéfice sans compensation ; qu'après avoir fait des concessions à la Suisse, il sera impossible au gouvernement français d'en refuser à tous les autres pays sur les articles qui les intéressent spécialement ;

Que notre travail national tout entier, dans toutes ses branches, serait ainsi sacrifié ;

Que, depuis l'application des tarifs, l'industrie, confiante dans leur durée, a créé de nombreux établissements nouveaux ; que, contrairement à ce qu'affirmaient les adversaires des droits, non seulement aucune de nos industries indigènes n'a émigré, mais encore que de nombreux ateliers étrangers se sont transplantés ou sont en voie d'installation chez nous, au grand profit de notre main-d'œuvre nationale ; que des capitaux considérables y sont engagés et seraient absolument compromis, sinon complètement perdus, si le Parlement revenait sur ses décisions antérieures ;

Que ce coup funeste aurait nécessairement sa répercussion sur les milliers d'ouvriers agricoles et industriels ; qu'il amènerait la réduction des salaires et l'ajournement indéfini de toutes les réformes sociales destinées à augmenter le bien-être de la classe des travailleurs ;

Qu'au surplus, les négociations avec la Suisse ont été engagées sans que l'on ait appelé de notre côté, en consultation, les défenseurs élus de l'agriculture et de l'industrie, ni aucune autre personne compétente, alors que le gouvernement suisse avait délégué à Paris des représentants de toutes les industries intéressées ;

Que le projet de convention contient des clauses réellement extraordinaires, telles que l'abaissement, en faveur de la Suisse, des droits sur des articles que la Suisse ne fabrique pas, en sorte qu'on peut se demander si ces stipulations ne sont pas faites en faveur d'autres nations qui seraient appelées à en profiter ;

Qu'il tend à porter le plus grave préjudice aux intérêts de l'agriculture, en violation des engagements les plus formels pris à la tribune : engagements qui, même au moment de la conclusion des traités de 1882, promettaient de laisser les produits agricoles en dehors de tous traités ou conventions commerciales ;

Qu'on ne saurait arguer ici de considérations politiques, l'expérience du passé ayant prouvé que les traités de commerce ne sont pas un obstacle au désaccord éventuel des divers pays ; que, du reste, la France a le droit de rester maîtresse de la gestion de ses intérêts les plus immédiats,

L'Assemblée générale des agriculteurs et des industriels de France, réunie le 19 octobre 1892 dans les salons du Grand-Hôtel, à Paris,

Désireuse d'exprimer une fois de plus l'étroite solidarité qui lie l'agriculture et l'industrie, et de défendre les intérêts communs de notre travail national tout entier ;

Soucieuse également de l'avenir des ouvriers qui, dans ses préoccupations, est inséparable de celui des patrons eux-mêmes ;

Tout en proclamant son vif désir de voir continuer entre la France et la Suisse les relations les plus cordiales,

Proteste énergiquement contre toute atteinte de nature à détruire ou à compromettre notre tarif minimum ;

Et, confiante dans la fermeté du Parlement et dans sa fidélité aux engagements envers le pays,

Emet le vœu qu'aucune modification ne soit apportée aux

tarifs actuels, avant qu'une expérience suffisante ait permis d'en apprécier définitivement la valeur,

Et qu'aucun traité de commerce ne soit signé avec les autres nations.

M. DOMERGUE. — Je viens de parcourir le *Livre jaune* que l'on a distribué hier à la Chambre, et j'y ai vu que les négociations avec la Suisse commencées, dit-on, le 18 mars, ont été entamées — ce qui est plus fort ! — dès le 20 janvier. Je propose donc de dire que « le 20 janvier, avant même la mise en vigueur du nouveau tarif des douanes, des négociations s'engageaient avec la Suisse. » (*Rires approbatifs.*)

M. LE PRÉSIDENT. — Je soumets à l'approbation de l'Assemblée le projet de protestation que je viens de lire, avec la modification que propose M. Domergue. C'est ainsi qu'elle sera rédigée et inscrite dans le compte rendu *in extenso*.

Cette protestation sera remise à M. le Président du Conseil et à M. le Président de la République ; et nous voudrions qu'elle leur fût déposée par des délégués de l'industrie et de l'agriculture. L'Association de l'Industrie française a désigné ce matin trois délégués ; je demanderai à la Société des Agriculteurs de France de vouloir bien désigner trois de ses membres pour composer la députation. (*Assentiment.*)

Je mets aux voix la protestation.

Il n'y a pas d'opposition ?...

La protestation est adoptée à l'unanimité.

M. SÉBLINE. — Je désirerais faire une observation qui a pour but de permettre à MM. les délégués de l'agriculture d'insister auprès de M. le Président du Conseil.

On a fait observer tout à l'heure que certains produits agricoles, et en particulier le bétail, avaient été compris dans la convention, au mépris des engagements contractés envers le Parlement.

Mais il y a plus : le gouvernement, d'abord, et la Commission parlementaire, ensuite, ayant accepté l'entrée en franchise des matières premières nécessaires à l'industrie, avaient admis, en compensation de cette exemption des peaux, des suifs et des laines, une majoration des droits d'entrée sur le bétail et sur la viande. Tous les représentants de l'agriculture avaient compris la nécessité d'exempter les matières premières, et ils avaient consenti ce sacrifice en faveur de l'industrie, mais à la condition — et seulement à la condition — qu'une surélévation de droits sur le bétail serait accordée à titre de compensation.

Aujourd'hui, on propose de maintenir l'exemption des matières premières, et non seulement on n'augmente pas les droits sur le bétail, mais on les abaisse encore à un taux inférieur à celui des tarifs précédents. C'est là une véritable monstruosité !

J'ajoute que rien ne nécessite cet abaissement, attendu que, par suite des sécheresses notamment, le prix du bétail s'est trouvé absolument avili et qu'il est aujourd'hui plus bas qu'il n'a jamais été.

Je profite de ce que j'ai pris la parole pour demander au Comité de l'Association de vouloir bien faire publier les intéressants discours qui ont été prononcés à cette séance, et notamment le discours de M. Chabert, qui pourra être distribué largement dans la région lyonnaise. Il est bon qu'on répande les idées qui viennent d'être échangées entre nous, afin que l'on sache bien que nous défendons ici les intérêts des patrons et des ouvriers contre la coalition des *mercantis*. (*Vifs applaudissements.*)

M. GOUJON. — L'honorable M. Sébline vient de vous rappeler que les agriculteurs avaient consenti un sacrifice en faveur des industriels lorsqu'il s'est agi de l'exemption des matières premières et que les industriels, de leur côté, avaient pris l'engagement de défendre l'agriculture. Je tiens à faire remarquer que l'industrie des fabricants de tissus de laine d'Elbeuf, qui n'a personnellement aucun avantage à combattre les dispositions de la convention franco-suisse, qui lui seraient plutôt favorables, a tenu à s'associer à la réclamation de l'industrie française pour la défense de l'intérêt commun. Je suis chargé par elle d'apporter ici sa protestation. (*Vifs applaudissements.*)

M. LE PRÉSIDENT. — Il n'y a pas d'opposition à la proposition de M. Sébline ? (*Non ! non !*)

Le compte rendu *in extenso* de la présente séance sera publié et répandu partout où il paraîtra utile de le distribuer.

Il ne me reste plus qu'à remercier, au nom de l'Association de l'Industrie française, les nombreuses personnes qui ont bien voulu assister à cette réunion et nous apporter le concours de leur parole et de leur vote.

Personne ne demande plus la parole ?

La séance est levée.

(La séance est levée à 3 heures 45 minutes.)

1892-881 PARIS. — IMPRIMERIE CHARLES BLOT, RUE BLEUE, 7.